Alfred Fouillée

La Psychologie des peuples et l'Anthropologie

Essai

ISBN : 978-1544215686

10 9 8 7 6 5 4 3 2 1

Alfred Fouillée

La Psychologie des peuples et l'Anthropologie

Essai

Table de Matières

Introduction

Une science nouvelle est aujourd'hui en formation, qui a pour objet la psychologie des peuples. Mais, sous l'empire de préoccupations politiques, on s'est efforcé, d'abord en Allemagne, puis en France, de confondre l'étude des nationalités avec celle des races. Il en est résulté une sorte de fatalisme historique qui assimile le développement d'un peuple à celui d'une espèce animale et tend à absorber la sociologie dans l'anthropologie. En outre, ceux qui transforment ainsi en guerres de races les guerres des sociétés ont l'intention de légitimer par-là, au sein du « genre Homo », *le droit du plus fort. Ce n'était pas assez de la « lutte pour la vie » entre les blancs et les noirs ou les jaunes ; certains anthropologistes ont imaginé aussi la lutte pour la vie entre les blonds et les bruns, entre les crânes longs et les crânes larges, entre les vrais Aryens (Scandinaves ou Germains) et les Celto-Slaves. C'est une nouvelle forme du pangermanisme. La couleur même des cheveux devient un étendard et un signe de ralliement : malheur aux bruns ! Les batailles qui ont eu lieu jusqu'à ce jour sont un jeu, paraît-il, auprès de la grande bataille qui se prépare pour les siècles prochains. On « s'égorgera par millions, dit un anthropologiste, pour un ou deux degrés en plus ou en moins dans l'indice céphalique. » C'est à ce signe, remplaçant le* Shiboleth *de la Bible, que se feront les reconnaissances de nationalités. Certains sociologues entonnent aussi l'hymne à la guerre, comme M. Gumplowicz* [1]*, M. Gustave Le Bon. Ainsi se répand jusque dans notre pays la théorie allemande qui, au nom d'une supériorité de race, veut changer les rivalités politiques ou économiques en haines de sang et qui, par là, ne fait que rendre les guerres encore plus inexpiables. Les guerres, en effet, ne sont plus des duels entre soldats de profession dirigés par des politiques de profession, pour des motifs plus ou moins abstraits, lointains, et impersonnels : ce sont des soulèvements de peuples entiers contre d'autres peuples, au nom d'une hostilité prétendue constitutionnelle et héréditaire. La politique offre l'écho tour à tour tragique ou comique de ces théories ; car, pour les politiciens, tout argument est bon. Il y a une douzaine d'années, des délégués albanais vinrent protester dans les cabinets d'Europe contre la cession de l'Epire au gouvernement hellénique ; leur* Memorandum *avait été rédigé sous l'inspiration*

Alfred Fouillée

de l'Italie, qui compte l'Albanie parmi ses provinces irredente ; on y lisait : « Pour comprendre que les Grecs et les Albanais ne peuvent vivre sous un même régime, il suffit d'examiner la structure tout à fait différente de leurs crânes : les Grecs sont brachycéphales, tandis que les Albanais sont dolichocéphales, et manquent presque complètement de la protubérance occipitale. » Cette politique soi-disant « scientifique » n'avait oublié que deux points : le premier, c'est que les Italiens sont eux-mêmes, dans l'ensemble, une nation brachycéphale ; le second, c'est que les Albanais le sont aussi, ne leur déplaise ! Mais, pour un politicien, deux bonnes erreurs font une vérité.

La psychologie peut-elle ainsi confondre la constitution physique. et mentale d'une race humaine avec le caractère acquis et progressif d'une nation ? — Problème qu'il importe d'examiner, en un temps où la civilisation semble prendre pour idéal une nouvelle barbarie. Recherchons donc quelles sont les bases anthropologiques des caractères nationaux et la part légitime qu'il faut faire aux races : nous reconnaîtrons peut-être une fois de plus que l'histoire humaine ne saurait se ramener à l'histoire naturelle.

Section I

Toute science en voie de formation est, comme la jeunesse, orgueilleuse, tranchante, facile à l'enthousiasme, et précipitée dans ses conclusions. L'anthropologie et parfois même la sociologie en fournissent des exemples. Rien n'égale l'audace d'affirmations qui se fondent précisément sur les données les plus incertaines, mais nouvelles ou nouvellement étudiées. Le progrès général de l'humanité, — a dit un des dogmatiques de l'anthropologie « darwiniste », savant d'ailleurs très distingué et remueur d'idées, — exige l'extermination par le fer ou la faim, l'extinction des races dont l'évolution est lente et l'humeur pacifique : au siècle prochain, « les derniers sentimentaux verront de copieuses exterminations de peuples. » Il ne faut plus se contenter de dire que la force prime le droit, en ce sens que tout droit aurait pour origine une manifestation de la force ; il faut aller plus loin : « La force existe ; nous ne sommes pas sûrs de l'existence du droit [2]. »

Le parti pris de certains darwinistes touche au fanatisme et, quand il s'agit des applications sociales, à la férocité. Peut-être feraient-ils bien de se mettre d'accord entre eux avant de damner sur terre la majorité de l'espèce humaine.

On nous parle sans cesse de races à propos de peuples, quand on devrait simplement parler de types, c'est-à-dire de certaines combinaisons de caractères. Les combinaisons sont variables, les caractères des vraies races sont permanents. Il y a bien un type français, un type anglais, allemand, mais non une race française, anglaise ou allemande. Si l'on veut faire une division de l'Europe d'après les races, a dit excellemment l'anthropologiste même auquel nous faisions allusion tout à l'heure, « je défie qu'on puisse jamais poser une borne frontière. » Les races composantes, en effet, sont à peu près les mêmes dans toute l'Europe, sauf quelques élémens tatares à l'est. Les peuples ne sont, selon le mot de M. Topinard, que des produits de l'histoire. Il n'y a plus aujourd'hui de souches humaines qui se trouveraient à l'état tout primitif d'homogénéité des bandes primordiales [3].

Tout ce qu'on peut dire, c'est que les mélanges de races ou de sous-races identiques offrent des proportions diverses, et que cette diversité de types n'est pas sans influence sur la constitution moyenne ou tempérament moyen de chaque peuple. Aussi les partisans de la « lutte des races » ont-ils dû se reporter au sein même de chaque nation pour tâcher d'en séparer et d'en apprécier les parties composantes.

Avec la plupart des anthropologistes, — notamment avec MM. Broca, Virchow, Lagneau, Zaborowski, Hamy, Topinard, Collignon, Verneau, Carrière, Hovelacque, Manouvrier, de Lapouge, Otto-Ammon Livi, Reddoe, etc., — nous admettons qu'on peut se rendre un compte approximatif des sous-races les plus importantes qui entrent dans la composition de chaque population et en déterminent le *type* anthropologique. Remarquons d'abord que la distinction des races ou sous-races humaines doit se faire beaucoup moins par la couleur de la peau que par les caractères morphologiques, surtout ceux du crâne et du cerveau. La couleur est une harmonie séculaire qui s'est établie avec le climat, et qui est aujourd'hui préformée au sein même des germes : climat chaud et humide pour les noirs ; froid et humide pour les blancs ; sec

Alfred Fouillée

pour les jaunes et les bruns. Ce qui importe bien davantage, c'est la forme allongée ou élargie du crâne, sa capacité, la forme du nez, des pommettes, de la poitrine, la hauteur de la taille, etc. D'après ces caractères, les populations blanches sont un mélange de deux éléments principaux, auxquels certains anthropologistes veulent appliquer avec Linné des étiquettes caractéristiques.

Voici d'abord l'*Homo Europœus* ; dont la « diagnose » ancienne est, pour le *pur sang* : blanc de teint, sanguin de tempérament, musclé, aux longs poils blonds ou roux, yeux bleus clairs, léger, subtil, inventeur, — *albus, sanguineus, torosus, pilis flavescentibus prolixis, oculis cœruleis, levis, argitus, inventor.* Grand et puissant, il a le visage long, le nez étroit, droit ou convexe, le cou long, le corps et les membres longs : « tout son développement est en longueur. » Pour compléter le signalement, les savans contemporains y ajoutent un indice céphalique d'environ 0,74 [4]. Ce nombre indique un crâne relativement long ou dolichocéphale. Puis vient l'*Homo Alpinus* de Linné, qui a juste les caractères physiques et psychiques opposés : teint brun, cheveux bruns ou châtains, yeux bruns, crâne large et médiocrement long (brachycéphale), nez concave, moyennement large, visage large, taille moyenne ou petite, développement surtout en largeur. Les populations jaunes sont, dit-on, principalement composées de deux éléments : d'abord un nouveau type : l'*Homo Asiaticus* (Linné), jaune de teint, mélancolique de tempérament, raide, poils noirs, yeux noirs, enclin à révérer, avare, — *luridus, melancholicus, rigidus, pilis nigricantibus, oculis fuscis, reverens, avarus,* type encore dolichocéphale et, au moral, très intelligent ; 2° *Homo Alpinus*, déjà nommé, brachycéphale. Ce dernier a une influence très marquée en Asie, notamment en Chine, où il est intervenu, en conquérant, dit-on, et où il aurait, à en croire M. de Lapouge, « glacé » la civilisation indigène de l'*Homo Asiaticus*.

En Europe subsiste, à côté de l'*Homo Europœus* et de l'*Homo Alpinus*, un type que l'on a appelé *Homo Mediterraneus* ou, avec Bory, *Homo Arabicus*. L'analyse ethnique, en effet, découvre d'abord dans toute l'Europe un vieux fonds qui représente le résidu des races contemporaines du mammouth et du renne, ainsi que de celles de la pierre polie. Ce sont les bruns à tête longue, d'une taille assez petite, au nez busqué ou brisé. On les appelle race méditerranéenne, parce qu'ils dominent dans les îles et sur les côtes de la Méditerranée, dans toute l'Afrique du Nord, dans la péninsule ibérique, sur la côte figure, dans l'Italie méridionale et en Sicile. Ils sont beaucoup plus rares dans l'Italie moyenne et dans la France méridionale. Le Sémite proprement dit se distingue des autres Méditerranéens ou dolicho-bruns, par « une taille plus haute, le nez brisé et la sécheresse générale des formes. » La plupart des Méditerranéens seraient d'ailleurs croisés avec des tribus noires du nord de l'Afrique.

La seconde couche ethnique que les anthropologistes nous montrent en Europe est la race à crâne large ou brachycéphale, dont nous parlions tout à l'heure : *Homo Alpinus*. Ce sont les mêmes populations que Broca a proposé d'appeler Celto-Slaves. Suivant Ephore, contemporain d'Alexandre, la Celtique comprenait l'Espagne jusqu'à Cadix, la Gaule au nord des Cévennes et du bassin du Rhône, une portion considérable de la Germanie, la vallée supérieure et moyenne du Danube, le versant sud des Alpes Rhétiques et Carniques jusqu'à l'Adriatique et presque toute l'Italie septentrionale. C'est précisément là que se trouvent encore les Celto-Slaves : le témoignage de l'antiquité confirme donc celui de la science moderne. On suppose (sans preuves) que les Celto-Slaves vinrent d'Asie vers la fin de la période quaternaire ; on leur assigne même parfois une origine plus ou moins mongolique et on les appelle alors du nom vague de Touraniens [5]. La Haute Asie nous offre, prétend M. de Lapouge (qui depuis a changé d'avis), de vraies masses de Savoyards et d'Auvergnats « attardés dans leurs migrations. » Ces brachycé-phales auraient introduit en Europe les bestiaux et les plantes de l'Asie [6]. D'où qu'ils viennent, les Celto-Slaves constituent aujourd'hui la majorité de la population européenne. Le massif alpin de l'Europe centrale et ses abords, monts d'Auvergne, Vosges, etc., en sont presque exclusivement peuplés : Bas-Bretons, Auvergnats, Cévenols, Savoyards, Vosgiens, la plupart des Suisses, Bavarois, Roumains, Albanais. Leurs « nappes immenses » s'étendent sur la Russie et l'Asie du nord, où ils ont conservé leurs idiomes propres « ouralo-altaïques », tandis qu'ils ont adopté partout ailleurs les langues indo-européennes. Reste la troisième couche, formée de la race blonde à crâne allongé, vulgairement appelée aryenne, et que Linné nommait plus proprement : *Homo Europœus*. Elle

Alfred Fouillée

se trouve dans le nord-ouest, où elle est en voie d'extinction, et elle n'existe dans le reste de l'Europe « qu'à l'état sporadique ou de croisement complexe [7]. » Les anthropologistes ont proposé de nombreux exemples d'analyse ethnique : leurs tableaux ont pour but de faire saisir la différence de composition d'une même population suivant les couches sociales et suivant les temps, ainsi que l'affinité des différents types anthropologiques avec « certaines conditions sociales. » C'est à l'aide de nombreux documents de ce genre qu'on a essayé de constituer une « anthropologie des classes », d'ailleurs assez douteuse. La loi qui s'en dégagerait, selon quelques-uns — notamment selon M. de Lapouge et M. Ammon — c'est que, partout, les classes supérieures de nos sociétés sont plus riches en éléments à crâne allongé, — les classes inférieures en éléments à crâne large. Les couches sociales révéleraient ainsi, par leur superposition même, les diverses couches historiques : ici les conquérants et seigneurs, là les conquis, inférieurs, prétend-on, en intelligence et en énergie [8]. Prenons pour exemple les analyses faites par M. de Lapouge sur l'ancienne société montpelliéraine : nous y voyons que les classes supérieures étaient dolichocéphales, en comparaison des classes inférieures. En outre, la bourgeoisie était plus riche en éléments méditerranéens, c'est-à-dire en dolichocéphales bruns. Ces deux phénomènes se rencontrent, prétend-on, dans tous les cas semblables. Une autre loi, plus généralement admise, c'est que, depuis les temps préhistoriques, les brachycéphales tendent à éliminer les dolichocéphales, par l'invasion progressive des couches inférieures et l'absorption des aristocraties dans les démocraties, où elles viennent se noyer.

On avait jadis donné le nom d'*Aryens* aux dolichocéphales blonds, parce que les langues et coutumes dites aryennes paraissent s'être développées à l'origine chez des peuples où dominait la race blonde. Mais c'est ici que le philosophe peut se donner le spectacle des incertitudes historiques et surtout préhistoriques. Après avoir fait venir les Aryens d'Asie en Europe, on les fait venir aujourd'hui d'Europe on Asie. Depuis Wilser, inventeur de la théorie nouvelle, on s'efforce de dissiper ce que M. Salomon Reinach appelle « le mirage oriental » — peut-être pour y substituer un mirage occidental. Chacun propose sa contrée de prédilection comme berceau de la race dite indo-européenne. Selon un des plus récents et des plus ingénieux auteurs d'hypothèses, M. Penka [9] les Aryens seraient le produit du climat Scandinave. Ce sont les frères des Méditerranéens à crâne long, mais modifiés et pâlis, sans doute par le climat humide du nord [10]. Les admirateurs de la race blonde européenne, fleur de l'humanité, prétendent que c'est elle qui a produit le grand mouvement intellectuel autrefois attribué aux Aryens d'Asie. Dans l'Extrême-Orient, à une époque très reculée, on trouve les Chinois en contact avec des populations blondes de haute taille qui occupaient alors la Sibérie [11]. Dans l'Inde, les brahmanes de pure race semblent se rattacher à la même famille dolicho-blonde. Il subsiste encore en ce pays des tribus guerrières blondes à crâne long ; il y en a aussi dans le Pamir. La Palestine était occupée par des Amorites blonds quand elle fut envahie par les vrais Sémites, et le fonds blond dut subsister longtemps [12]. Les monuments de l'Egypte, de la Chaldée, de l'Assyrie, montrent fréquemment des personnages de haut rang ayant le même type. Les Tamahou de l'ancienne Egypte sont blonds. Les peintres égyptiens nous représentent les Hellènes blonds à tête longue et de haute taille [13]. Ce type héroïque de la Grèce, qui succéda aux Pélasges dolicho-bruns, méditerranéens, était identique à celui de nos Gaulois, des Germains, des Scandinaves. Homère parle sans cesse des Achéens à la belle chevelure et, pour lui, cela signifie une chevelure blonde, car il n'a pas une seule épithète admirative pour les bruns. Tous ses héros sont grands, blonds et aux yeux bleus, sauf le troyen Hector, qui était sans doute de race « méditerranéenne » et qui fut vaincu. Au premier chant de l'*Iliade*, Minerve saisit Achille par ses blonds cheveux ; au vingt-troisième, Achille offre en hommage sa blonde chevelure aux mânes de Patrocle. Ménélas est blond. Dans l'*Odyssée*, Méléagre, Amyntas, sont blonds. Virgile donne des cheveux blonds à Minerve, à Apollon, à Mercure, à Camerte, à Turnus, à Camille, à Lavinie, et même, ce qui n'est pas invraisemblable, à la Phénicienne Didon. Les amoureux et amoureuses d'Anacréon, de Sapho, d'Ovide, de Catulle, sont blonds. Blondes encore presque toutes les femmes des temps héroïques. De même pou·lies dieux et les déesses : l'Olympe grec ressemble, trait pour trait, à l'Olympe Scandinave. Vénus est blonde. Le dieu hellène par excellence, — celui en qui la Grèce a personnifié son génie intellectuel et la beauté typique de sa race,

Alfred Fouillée

le dieu de la lumière et le dieu des arts, inspirateur souverain des oracles, — Apollon a les cheveux blonds, les yeux bleus, une taille élevée. Minerve, cet autre « Verbe » de Jupiter, personnification féminine de la sagesse grecque, a dans ses yeux tout l'azur et toute la profondeur de la mer. Les Néréides et les Nymphes sont blondes. Diane est blonde. Jusque dans les royaumes infernaux, Rhadamante est blond.

On nous dira que le blond, étant plus rare, dut être à la mode. N'a-t-on pas fait aussi de Jésus un blond, de la Vierge une blonde, sans compter tous les anges blonds ? Les femmes romaines ne teignaient-elles pas leurs cheveux en blond pour imiter les Germaines et les Gauloises ? — Sans doute, mais un passage capital du physionomiste grec Polémon, cité par M. Salomon Reinach, représente les Grecs purs et de haute classe comme « grands, droits, aux épaules larges, à la peau blanche et aux cheveux blonds [14]. » Selon M. Morselli, dans ses leçons d'anthropologie, il suffit de parcourir une galerie artistique contenant des tableaux à partir de la Renaissance pour y voir le nombre des individus blonds, surtout chez les femmes, très supérieur à celui des bruns. C'est l'impression que nous avons nous-même rapportée des Musées d'Italie. Enfin on a soutenu que l'aristocratie romaine, comme la grecque, était blonde : souvent les noms l'indiquent : Flavius, Fulvius, Ahenobarbus, Sylla et Tibère sont représentés comme blonds. Le vieux Caton était roux. Virgile, d'origine gauloise, était blond. Tite-Live était un Kymri. Au moyen âge, les hautes classes étaient incontestablement, en France et à l'étranger, de race gallique ou germanique, c'est-à-dire dolicho-blonde. Les Celtes à tête courte, plus ou moins bruns, de taille moyenne, formaient en Gaule la masse inférieure de la population ; les Gaulois proprement dits, à tête longue, aux longs cheveux blonds, aux longs corps blancs, représentaient la race conquérante, de même que, plus tard, les Francs [15]. Selon M. Durand de Gros, les familles nobles qui subsistent encore en France à un état de pureté relative sont plus ou moins blondes ; sur le plateau central, où les brachycéphales abondent, elles forment contraste avec le reste de la population. On a été jusqu'à soutenir que les « fléaux de Dieu » qui marchaient à la tête des hordes turques et mongoles étaient, d'après les portraits qu'en font les historiens, des blonds à tête longue, de notre race [16]. En Russie, et surtout en Pologne, les masses populaires sont des Celto-Slaves, ou des Finnois et des Tatares à tête courte et à taille moyenne ; mais les classes gouvernantes, qui descendent des fondateurs Scandinaves, des Normands et des Germains, sont grandes et blondes. En Allemagne et en Angleterre, la vieille couche celtique est recouverte d'une couche germanique et Scandinave. Presque toutes les familles souveraines d'Europe, même en Espagne et en Italie, offrent encore aujourd'hui le type aryen. Dans ces deux derniers pays, la proportion des blonds est beaucoup plus grande pour l'aristocratie que pour le peuple.

Jusqu'ici, la théorie offre à coup sûr de l'intérêt et n'est pas sans valeur comme thèse historique : on peut l'accepter, en attendant qu'on démontre le contraire, comme on prend un remède pendant qu'il guérit [17]. Mais, que l'origine des Gaulois, des Grecs, des Germains, des Scandinaves soit européenne ou asiatique, ce qui importe au psychologue, c'est de déterminer le caractère, la valeur intellectuelle et morale des trois principales races dont le mélange, à doses inégales, a fini par constituer les diverses nations européennes. Par malheur, si l'origine de ces races est déjà hypothétique, leur constitution mentale l'est encore bien davantage. On ne peut que la conjecturer d'après le rôle historique des diverses races, qui lui-même est déjà conjectural. Ecoutons cependant ce qu'on croit pouvoir nous affirmer.

Section II

Dans son ensemble, dit-on, la race méditerranéenne et sémite est très intelligente ; par son caractère moral comme par ses traits morphologiques, elle « approche » de ce qu'on est convenu d'appeler la race aryenne ; elle aurait cependant, prétend-on, « moins de supériorité. » Pourquoi moins ? on ne le dit pas.

Quant au brachycéphale celte ou slave, il serait, au moral, pacifique, laborieux, frugal, intelligent, prudent, n'abandonnant rien au hasard, imitateur, conservateur, mais sans initiative. Attaché à la terre et au sol natal, il aurait de courtes vues, un besoin d'uniformité, un esprit de routine qui le rend rebelle au progrès. Facile à diriger, aimant même à se sentir gouverné, il aurait été

Alfred Fouillée

toujours le « sujet né » des Aryas et des Sémites.

La race blonde au crâne allongé est la préférée des psychologues anthropologistes : elle a, disent-ils, une sensibilité vive, une intelligence rapide et pénétrante, jointe à l'activité et à l'indomptable énergie. Race « turbulente, égalitaire, entreprenante, » ambitieuse, insatiable, elle a des besoins toujours croissants et s'agite sans cesse pour les satisfaire. Elle sait mieux gagner et conquérir que garder sa conquête. Si elle acquiert, c'est pour dépenser toujours davantage. Ses facultés intellectuelles et artistiques s'élèvent facilement « jusqu'au talent et au génie. »

Ajoutons que, selon MM. Lombroso, Marro, Bono, Ottolonghi, la proportion des blonds serait très faible parmi les crétins et les épileptiques. Chez les Piémontais, la proportion des criminels bruns serait le double de celle des criminels blonds, bien qu'un tiers seulement de la population soit brun. Si on ajoute les rouges aux blonds, le phénomène est encore plus accentué, en dépit du proverbe sur les rouges. En revanche, pour les crimes de luxure, on nous dit que les blonds l'emportent. Malgré le vague de cette psychologie des races, on croit pouvoir conclure que le classement des peuples civilisés est à peu près proportionné « à la quantité d'éléments dolichocéphales blonds qui entre dans la composition de leurs classes dirigeantes. »

Les mêmes anthropologistes essaient de montrer que les progrès du droit et de la religion suivent ceux de la race à tête longue. La région du droit coutumier, en France, coïncide avec celle du maximum de population blonde, pure ou mélangée. C'est là que l'élément gaulois proprement dit, c'est-à-dire blond, était le plus intense lors de la conquête romaine et s'est maintenu (en s'altérant) jusqu'à l'invasion germanique. De même, les populations blondes sont protestantes : l'Irlande celtique, la France redevenue en grande partie celtique, l'Allemagne du Sud remplie de Celtes, l'Italie devenue brachycéphale, l'Espagne avec ses Celtibères, la Bohême, la Pologne et ses Slaves sont catholiques.

De toutes ces prémisses, on ne prétend dégager rien de moins qu'une nouvelle « conception de l'histoire ! » La question consisterait désormais à mesurer la valeur respective des deux grands éléments des peuples civilisés, — l'un dolichocéphale, l'autre brachycéphale,

— et l'histoire générale se confondrait avec celle de leurs propres rapports. En France, par exemple, l'élément blond, très nombreux à l'époque gauloise, s'est maintenu en décroissant dans les familles aristocratiques et dans certaines masses de population, mais il est presque éliminé aujourd'hui par la prédominance du type brachycéphale dans les croisements et par l'effet des conditions du milieu, qui favorisent davantage la race à crâne large. La lutte inconsciente de ces deux races expliquerait, selon M. de Lapouge, l'histoire presque entière de notre pays : la Révolution française est « le suprême et victorieux effort des populations touraniennes. » Mais nous paierons cher leur victoire, selon les prophètes de mauvais augure, et le plus sombre avenir nous attend. En Angleterre, c'est l'inverse : l'élément brachycéphale a presque disparu. Heureuse Angleterre ! L'hégémonie militaire et économique est entre les mains des populations aryennes dans l'Allemagne du Nord, mais le gros de l'Allemagne est brachycéphale : la prospérité n'y est donc que « factice ». L'élément supérieur, c'est-à-dire blond, y est tellement distinct des masses touraniennes que la décadence viendra « sûre et rapide » le jour où le gros aura dévoré l'élite. La question de l'avenir dépend essentiellement de la sélection sociale, et sa solution est fournie par cette loi générale : « De deux races en compétition, la plus inférieure chasse l'autre. » Partout où les dolicho-blonds se mêlent aux bruns, leur nombre va diminuant. Pour arriver à un résultat différent, il faudrait une « sélection intentionnelle » qui, au moins en Europe, est impossible, avec notre double tendance à la ploutocratie et au socialisme. L'existence mécanique d'une société socialiste est ce qui convient le mieux à nos Chinois d'Europe. Le barbare, selon les anthropologistes de l'école aristocratique, n'est donc pas aux confins du monde ; il loge « au rez-de-chaussée et dans les mansardes. » L'avenir de l'humanité ne dépend pas du triomphe éventuel des peuples jaunes sur les peuples blancs ; il est dans la lutte sur place des deux types « noble et servile ». Il est possible que l'Europe tombe aux mains des jaunes, des noirs même, par conquête militaire ou par immigration de cause économique, mais, le jour où ce fait se produira, « le grand duel sera déjà terminé. »

Telle est l'apothéose des Aryas dans le passé, et leur anéantissement dans l'avenir, que nous décrivent quelques anthropologistes. S'ils

Alfred Fouillée

se bornaient à attribuer dans l'histoire un rôle de haute importance aux Européens du Nord, leur théorie pourrait se soutenir : les invasions des Aryens ou prétendus tels sont bien connues. Mais ils vont plus loin : ils veulent établir, dans un même pays, des barrières de races entre les classes mêmes. Leur arrière-pensée, c'est que le blond à crâne long, l'*Homo Europœus* de Linné, n'est pas de la même « espèce » ni de la même origine que les autres, notamment que l'*Alpinus* : ce ne sont donc plus seulement les blancs qu'on prétend étrangers aux nègres, ce sont les blonds qui deviennent étrangers aux bruns. Or, c'est là, selon nous, une supposition toute gratuite et de la plus haute invraisemblance. Il n'y a pas de région, si petite soit-elle, où l'une de ces prétendues « espèces » existe sans l'autre. Les crânes longs, larges et moyens se rencontrent dans chacun des grands embranchements appelés des noms vagues et peu scientifiques de races blanches, races jaunes, et races noires. Sur toute la terre, ils vivent les uns à côté des autres. En Europe, les dolichocéphales ont apparu les premiers, sous la forme des *Méditerranéens*. On en dirait autant dans les autres parties du monde si on n'avait établi (jusqu'à nouvel ordre) que le type brachycéphale nègre d'Océanie, appelé Negrito, et le type brachycéphale nègre d'Afrique, essentiellement caractérisé par les Akkas, ont tous « la physionomie de types très anciens [18]. » Comment donc attacher une telle valeur à un allongement de crâne qui se retrouve dans toutes les grandes races d'hommes et dans toutes les contrées ? Il y a là simplement deux variétés peu distantes d'un même type. — Non, répond-on, car, depuis une infinité de siècles, les croisements n'ont pu effectuer de fusion. — Mais, au contraire, la fusion est fréquente : étant donnés des indices céphaliques de toutes sortes, il est clair que vous aurez à un bout de l'échelle des « dolichos », à l'autre des « brachys », et au milieu, des intermédiaires où les deux caractères ont fusionné. De même, vous aurez des nez gros, petits, larges, étroits, aquilins, etc. ; vous aurez des yeux tantôt noirs, tantôt bleus, gris, etc. ; on n'en peut conclure une différence d'origine primordiale fondée sur les formes *extrêmes* des nez ou sur les couleurs extrêmes des yeux. Il n'y a là que des hérédités de famille au sein d'une même espèce, parfois même des jeux du hasard. Pour expliquer la simultanéité universelle des crânes longs et des crânes larges, on nous assure que les premiers, actifs et guerriers, ont entraîné partout avec eux les seconds, passifs et laborieux ; les uns étaient l'état-major, les autres étaient les soldats. Pure hypothèse, dont l'histoire ne fournit aucune confirmation ! Admettons-la cependant ; s'ensuit-il que l'état-major et les soldats, qui se ressemblent de tous points, sauf par l'indice céphalique et la cou leur des cheveux ou des yeux, soient deux races et même deux espèces irréductibles ? Le « dimorphisme » est une explication beaucoup plus naturelle : on doit s'y tenir jusqu'à preuve du contraire, et la preuve incombe aux adorateurs des blonds. Si le terme d'Aryens est « pseudo-historique », les étiquettes d'*Homo Europœus* et *Homo Alpinus* sont pseudo-zoologiques ; et nous craignons fort que Linné et Bory n'aient ici cédé à la manie des classifications à outrance.

Maintenant, au point de vue de la psychologie, la différence de longueur entre les crânes a-t-elle l'importance qu'on veut lui attribuer ? Maint anthropologiste prudent le nie, par exemple M. Manouvrier. Si la forme allongée avait tant de conséquences pour l'intelligence et la volonté, comment se ferait-il que les nègres, en majeure partie, soient dolichocéphales, — ces nègres en qui on ne veut pas reconnaître des frères ? — Accusera-t-on encore l'*Homo Alpinus*, celte ou slave, d'avoir « glacé » leur civilisation ? On répond que les nègres doivent être une « déviation » d'un type dolichocéphale primitif ; mais alors ils redeviennent nos frères, malheureux sans doute, mais nos frères. On a prétendu aussi (d'autres ont dit le contraire) que l'enfant est plus dolichocéphale, la femme également ; ce qui, d'après les théories en faveur auprès de nos anthropologistes, indiquerait une infériorité ; on a même dit que la dolichocéphalie de certains criminels était un retour à la sauvagerie primitive ; mais alors, comment la même dolichocéphalie devient-elle un signe de supériorité chez les classes aristocratiques ? Et les singes ? sont-ils brachycéphales ? « Quelques degrés de plus » dans l'indice céphalique sont une mesure bien grossière. Les Bruxellois ont pour indice 77 à 78 et sont plus dolichocéphales que les Prussiens à 79 ; leur sont-ils pour cela supérieurs « d'un degré ? » Les Sardes sont très dolichocéphales à 72,8, les Arabes d'Algérie à 74, les Corses à 75,2, les Basques espagnols à 77,6. Nous ne voyons pas que l'allongement de leurs crânes leur ait beaucoup servi. Les Sardes, en particulier, ont

Alfred Fouillée

été d'une stérilité remarquable. Les Suédois représentent la plus pure race Scandinave ; quelque intelligents qu'ils soient, ils ne dominent pas le monde. Des différences de longueur ou de largeur crânienne qui, nous l'avons vu, se retrouvent au sein de toutes les races d'hommes et dans tous les pays, ne sauraient être la raison essentielle de la supériorité et du progrès moral. D'ailleurs, selon M. Collignon, l'indice céphalique peut varier de dix degrés dans une même race : à lui seul, il est donc un signe insuffisant.

Voyez, dans le détail, la description psychologique des trois prétendues races distinctes. Nos anthropologistes en conviennent d'abord, le Méditerranéen et le Sémite se rapprochent tellement de l'Hyperboréen que des nuances seules les distinguent. En fait, si les Grecs héroïques d'Homère lurent généralement blonds, quelle preuve a-t-on que, plus tard, les grands génies de la Grèce l'aient été ? Les Sophocle, les Eschyle, les Euripide, les Pindare, les Démosthène, les Socrate, les Platon, les Aristote, les Phidias le furent-ils tous également ? Quant à la longueur du crâne, les bustes de grands hommes conservés par l'antiquité nous montrent des têtes de toutes formes. Socrate, en particulier, est fortement brachycéphale.

Aux Sémites proprement dits on accorde, parmi les Méditerranéens, une place d'honneur. Et certes, la race à qui nous devons notre religion n'est pas méprisable. Aussi, tandis que les uns prédisent le triomphe final des Aryens, les autres leur écrasement futur par la masse des Celto-Slaves et Touraniens, d'autres nous annoncent « la République universelle gouvernée par les Juifs, race supérieure [19]. » Seuls, dit-on, les Juifs peuvent vivre sous tous les climats sans rien perdre de leur « prodigieuse fécondité. » Le docteur Boudin, dans son *Traité de géographie et de statistique médicales*, déclare les Juifs réfractaires aux épidémies. Ils sont privilégiés de même pour l'intelligence ; ce n'est pas seulement dans les affaires d'argent qu'ils sont supérieurs ; ils réussissent en tout ce qu'ils entreprennent. Déjà M. Gougenot des Mousseaux avait annoncé la « judaïsation des peuples modernes. » Qu'arriverait-il des Aryens si le rêve de M. Dumas dans *la Femme de Claude* venait à se réaliser pour les tribus d'Israël ? Mais toutes ces suppositions ont pour principe la conception des Juifs comme une race pure ; or, elle ne l'est nullement. Ils présentaient déjà autrefois différents types : les

Palestiniens étaient des métis d'Aryens et de Sémites ; aujourd'hui, il y a des Juifs blonds, bruns, dolichos, brachys, grands, petits. Les Juifs portugais diffèrent des Juifs allemands ou polonais. Le type « aquilin » est aussi répandu en dehors d'eux que chez eux. Ce ne sont pas deux types juifs, mais dix types juifs qu'admettait Renan. Si les Juifs forment une entité, dit M. Topinard, cette entité n'est pas une « race naturelle », mais simplement « un groupe de l'histoire ou un groupe religieux. » On a jadis parlé bien à tort des races de la linguistique ; les races de la religion en seraient le pendant ; et il en est de même des races de la psychologie. Ce qui fait la vraie force des Juifs, ce n'est pas la longueur du crâne, c'est l'esprit juif qu'on entretient sous ce crâne, c'est l'éducation juive, c'est l'entente juive, l'alliance juive, qui les fait pénétrer partout et se soutenir partout.

Seuls, d'après certains mesureurs de crânes, les brachycéphales seraient les parias de l'humanité blanche. Tandis que Méditerranéens, Sémites, Aryas s'équivalent à peu près, les Celto-Slaves, eux, seraient bien au-dessous des autres. Pourquoi ? Selon M. Grant Allen, le Celte a « la constitution de fer, l'ardente vigueur, la passion indomptée du danger et de l'aventure, l'imagination fiévreuse, l'éloquence abondante et un peu fleurie, la tendresse de cœur et l'inépuisable générosité. » Ce portrait, dû à un Anglo-Saxon et inspiré par le souvenir du Celte Tyndall, est-il celui d'une race déshéritée ? Selon Renan, les Celtes ont à la fois la réflexion et la naïveté ; ils sont sans doute attachés à la tradition ; par des raisons historiques et géographiques, mais ils ont un ardent amour du beau immatériel, un penchant à l'idéal tempéré par le fatalisme et la résignation. Timide et irrésolu devant les grandes forces de la nature, le Breton est familier avec les esprits d'un monde supérieur : « Dès qu'il a obtenu leur réponse et leur appui, rien n'égale son dévouement et son héroïsme. » Les anthropologistes mêmes qui ont imaginé l'épopée des blonds concèdent aux Celto-Slaves une intelligence souvent « égale à celle des Aryas les plus intelligens. » Et en effet, il est difficile de soutenir qu'Abélard, Descartes, Pascal, Mirabeau, Lesage, Chateaubriand, Lamennais, Renan (pour ne parler que des Français) aient manqué d'intelligence. Parmi les Slaves, Pierre le Grand, qui d'ailleurs avait du sang allemand dans les veines, a le teint très brun, les yeux et les cheveux très noirs, les pommettes saillantes, peu de barbe et de

Alfred Fouillée

moustaches, le type mongoloïde, ce qui ne l'empêcha pas d'avoir beaucoup d'intelligence, avec beaucoup de vices, tout comme la blonde Allemande d'Anhalt, Catherine II. Malgré cela, on prétend que les Celtes et les Slaves, dans l'ensemble, ont fourni moins de génies et surtout moins de volontés puissantes. Le fait est difficile à vérifier, pour ne pas dire impossible. Si l'intelligence celtique et même slave peut souvent *égaler* l'intelligence Scandinave ou germanique, il est bien probable que ce sont des circonstances historiques, géographiques ou autres qui, on fait, ont favorisé telle race plutôt que telle autre sous le rapport des talents. La Bretagne, par exemple, l'Auvergne et la Savoie n'étaient pas des centres commodes pour la mise en relief des génies, ce qui ne les a pas empêchées d'en produire. Quant à la puissance des volontés, comment la répartira-t-on ? La Bretagne a vu naître Olivier de Clisson, Duguesclin, Moreau, Cambronne, La Tour d'Auvergne, Surcouf, Duguay-Trouin, Lamothe-Piquet, Ducouëdic ; ces hommes manquaient-ils de volonté ? Et si les dolichocéphales ont *en général* la volonté plus violente, les brachycéphales plus patiente et plus entêtée, y a-t-il là la base d'une classification « zoologique » ? Ni en général, ni en particulier, un mouton n'est un loup, et c'est pour cela qu'ils sont zoologiquement distincts.

Fût-il vrai que, dans l'histoire, les génies et les volontés énergiques sont plus fréquents parmi les crânes allongés, ce fait n'aurait pas son explication la plus naturelle dans une différence de race ou d'origine. Les conquérants ont été à coup sûr des hommes hardis et souvent féroces : ils se sont établis partout non en vertu d'une véritable supériorité intellectuelle ou morale, mais, très souvent, en vertu même de leur brutalité. Une fois établis, ils ont alimenté les classes dominantes, et comme celles-ci avaient tous les moyens de montrer les talents qu'elles pouvaient contenir, comment s'étonner que les génies, pendant de longs siècles, soient surtout nés au sein des aristocraties ? On n'en peut conclure que ce soit la forme du crâne qui les ait déterminés.

Selon M. de Candolle, la carte de répartition des hommes de valeur géniale en Europe est ponctuée d'une manière peu dense par rapport à tout le reste, mais la ponctuation a pour axe visible la ligne partant d'Edimbourg et arrivant à la Suisse. Un second axe de répartition, moins important, commence au-dessous de l'embouchure de la Seine et va rejoindre obliquement la Baltique, en coupant l'autre vers Paris. En dehors de ces deux grandes taches allongées, des points isolés et de plus en plus espacés sont éparpillés par toute l'Europe. La haute et la moyenne Italie, la vallée du Rhône, l'Allemagne du Sud et l'Autriche présentent des traces de centres secondaires, comme celui où naquirent Haydn, Mozart, mais la tâche du Nord, à elle seule, comprend les quatre cinquièmes. Là-dessus, les anthropologistes font observer que la carte des éléments dolichocéphales blonds correspond à peu près à cette carte de la répartition des hommes de génie. Pourtant, répondrons-nous, il y a en Ecosse un fond celtique ; en Suisse, le nombre des talents est très supérieur à la proportion des dolichocéphales. On explique ce dernier fait, il est vrai, par l'énorme quantité de familles géniales qu'implantèrent en Suisse les réfugiés de France. Une troisième carte, celle des grands centres de la civilisation et de la densité de la population, coïncide aussi approximativement avec les deux autres, si bien que la tâche principale comprend Londres, Paris, la Belgique, la Hollande, la basse Allemagne et Berlin. — Soit, dirons-nous encore, mais le problème final est de savoir où est la cause, où est l'effet. Est-ce parce que la civilisation et la population sont au maximum qu'il y a, avec plus de culture et de débouchés, plus de talents visibles ; ou est-ce parce qu'il y a plus de talents que la civilisation est plus grande ? Est-ce parce que les blonds dominent qu'il y a plus d'industrie, de commerce, de science, etc., ou est-ce parce que la civilisation, qui fut d'abord méridionale et orientale, voyage aujourd'hui vers l'ouest et le septentrion, passant à des races moins épuisées ? La statistique, elle aussi, est pleine de « mirages », et toute conclusion est ici prématurée.

Quand les Hellènes commencèrent à se répandre sur les deux rives de la mer Egée et que Rome n'était pas née encore, quand les Germains n'avaient d'autres demeures que les « sombres forêts » dont parle Tacite, les jaunes pouvaient se considérer comme la première race du monde. C'est sur leur domaine que passait « l'axe » des supériorités. Plus tard, il passait par Athènes, l'Asie Mineure et la Sicile : qu'était alors le fameux axe Londres-Paris-Berlin ? Les Grecs n'auraient-ils pas pu se prétendre d'une autre race que nous, barbares hyperboréens ? Et de fait, ils le prétendaient. Plus tard encore, l'axe des génies passait par Rome. Où passera-t-il dans

Alfred Fouillée

mille ans ? Nous l'ignorons.

Sur 89 novateurs, révolutionnaires, etc., on nous signale vingt crânes larges, saint Vincent de Paul, Pascal, Helvétius, Mirabeau, Vergniaud, Pétion, Marat, Desmoulins, Danton, Robespierre, Masséna, etc., contre une liste plus ou moins authentique de C9 dolichocéphales bruns et surtout blonds : François Ier, Henri IV, Louis XIV, Jeanne d'Arc, Bayard, Condé, Turenne, Vauban, L'Hôpital, Sully, Richelieu, La Rochefoucauld (qui était du reste très brun), Molière, Corneille, Racine, Boileau, La Fontaine, Malherbe, Bossuet, Fénelon, le Poussin, Diderot, Voltaire, Buffon, Rousseau, Condorcet, Lavoisier, Grétry, Berthollet, Lagrange, Saint-Just, Charlotte Corday, Napoléon Ier (qui avait les yeux bleus), etc. Mais combien un Pascal vaut-il de Condorcet ou de Saint-Just ? En outre, Descartes était un brun à tête large, avec toute l'apparence celtique. Ces listes, où le pêle-mêle est trop visible, laissent une place énorme à la fantaisie.

On suppose (car c'est pure hypothèse) que la puissance de caractère est sous la dépendance de la longueur du cerveau. Quand le crâne, dit-on, n'atteint pas 0, 19, un peu plus ou un peu moins suivant la taille du sujet et l'épaisseur des os, la race manque d'énergie, d'initiative et d'individualité. Au contraire, la puissance intellectuelle serait liée à la largeur du cerveau antérieur. — Mais alors, les brachycéphales devraient avoir plus d'intelligence et être plus féconds en génies, au moins d'ordre intellectuel. Le rapport des deux dimensions crâniennes, en dehors des cas extrêmes et anormaux, nous semble un moyen d'évaluation bien grossier, surtout quand il s'agit d'une différence d'un ou deux degrés. Ce qui est vraisemblable, c'est que le développement de la civilisation exige à la fois une certaine longueur et largeur normales du cerveau, et, si la largeur va croissant sans que la longueur normale diminue, on a une sous-brachycéphalie croissante, compatible avec la supériorité.

En Europe, continue-t-on, la France exceptée, un homme de la classe supérieure en vaut, d'après les calculs de M. de Candolle, huit de la classe moyenne, au point de vue de la fécondité en talents, et il en vaut six cents de la classe inférieure. En France, il en vaut vingt des uns et seulement deux cents des autres. Les classes extrêmes en France sont donc supérieures aux classes correspondantes du reste de l'Europe ; la classe moyenne en France est inférieure et l'est devenue de plus en plus depuis cent ans ; la bourgeoisie du XVIIIe siècle valait quatre fois plus que la nôtre. Notre bourgeoisie actuelle a cependant tous les moyens de manifester ses talents, quand elle en a. — Soit ; mais, si elle ne le fait pas, est-ce parce que son crâne devient moins oblong, ou n'est-ce pas plutôt que, en vertu des circonstances historiques de son évolution, elle a dû s'attacher trop à l'argent, se montrer moins désintéressée, moins élevée dans ses aspirations ? Quant au peuple de France, si, tout en étant très supérieur à celui des autres pays, il manifeste encore deux cents fois moins de talents que l'aristocratie, l'explication la plus simple n'est-elle pas dans les difficultés que les talents trouvent à percer ? Est-il aisé à un maçon de révéler le « poète mort-né » qu'il a peut-être en lui ? A un ferblantier ou à un menuisier, de montrer ses talents d'orateur, de penseur, d'homme d'Etat ? L'esprit ne souffle pas « où il veut », mais où il peut. La proportion même des talens dans nos masses populaires est tout à leur honneur, quelque « celtiques » ou même touraniennes qu'elles puissent être.

On soutient encore que les hommes à tête longue, et surtout les blonds, ont un caractère religieux très prononcé, ce qu'on explique par quelque « *accident* de développement. » Au contraire, les Celto-Slaves, malgré leur « infériorité » générale, auraient cette supériorité particulière, prétend-on, d'être beaucoup moins religieux. Qui ne sent encore l'arbitraire de toute cette psychologie ? D'abord, nous ne saurions admettre la prétendue supériorité des races irréligieuses, s'il en existe. La religion est l'étape première de l'idéalisme, le premier effort de l'homme pour se dépasser lui-même, pour franchir l'horizon borné du monde visible. En outre, la répartition des races religieuses en Europe est des plus contestables. Les Celtes de notre Bretagne sont-ils moins religieux que leurs voisins les Normands ? Les Slaves de Russie passent-ils pour incrédules ? De même, la légèreté, la gaîté celtiques sont-elles visibles dans la rêveuse et contemplative Bretagne que nous décrit Renan, ou encore dans l'Auvergne, ou encore chez les brachycéphales d'Alsace, ou chez les placides et lourds Celtes de Bavière ? Autre exemple : les Bretons vrais d'Armorique sont, dit-on, dolichocéphales et de haute taille ; nez saillant, haut et étroit, teint fleuri, cheveux et yeux clairs ; c'était du moins le type breton

Alfred Fouillée

pur du ive siècle, dont subsistent encore de beaux spécimens. Les Celtes d'Armorique, au contraire, ont la face large, aplatie, courte, les arcades sourcilières prononcées, et ils sont trapus. A-t-on pourtant remarqué la moindre différence entre ces deux couches ethniques de notre Bretagne, sous le rapport du caractère, des mœurs, des croyances ?

Après l'esprit religieux ou irréligieux, — dont les anthropologistes font une supériorité ou une intériorité selon leurs goûts, — on invoque l'esprit guerrier et aventureux des hommes du Nord, pour en faire, cette fois, une supériorité indiscutable. Mais d'abord, les Celtes ont à leur compte, eux aussi, de grandes invasions et de grandes conquêtes : nous avons vu la vaste étendue de l'ancienne Celtique (sans parler de la Chine). Un pareil territoire n'a pas été envahi par des lâches ou par des hommes « passifs ». Après avoir dompté la Gaule, alors occupée par les « indomptables » Ligures, les Celtes refoulèrent ces derniers vers le sud-est et, s'avançant vers la Garonne, gagnèrent l'Espagne pour s'établir sur l'Elbe et former la Celtibérie, vers le VIIe siècle avant Jésus-Christ. Ils s'étaient également répandus dans l'Armorique et les Iles Britanniques. Si donc l'esprit conquérant et la valeur guerrière, — qu'on retrouve d'ailleurs partout et chez toutes les races, — sont les vrais signes de la supériorité, il est impossible de concevoir les Celto-Slaves comme inférieurs aux Scandinaves et Germains. Quant à déclarer que ces énormes masses de Celtes ont dû nécessairement être conduites par des crânes longs à chevelure blonde, c'est remplacer l'histoire par l'épopée des blonds. Il y a eu une première invasion celtique, probablement brune, et une seconde gauloise (conséquemment de race blonde), voilà tout ce que l'histoire nous apprend.

En outre, la psychologie des Celto-Slaves et Touraniens contient une contradiction fondamentale. Si les masses mongoliques de l'Asie sont des Savoyards attardés, comment nos Savoyards, Auvergnats et Bas-Bretons ressemblent-ils si peu à leurs ancêtres nomades ? Le nom de Touraniens désigne les nomades non Aryens, et *toura* exprime la vitesse du cavalier ; or, qui fut moins attaché à la terre, moins « pacifique », moins « tranquille » que les nomades touraniens ? M. Richepin, qui prétend les avoir pour ancêtres (bien qu'originaire d'une famille de l'Aisne), nous a chanté leur « Chanson du sang » :

Avant les Aryas, laboureurs Je la terre…

Vivaient les Touraniens, nomades et tueurs.

Ils allaient pillant tout, le temps connue l'espace,

Sans regretter hier, sans penser à demain,

N'estimant rien de bon que le moment qui passe

Et dont on peut jouir quand on l'a sous la main.

Oui, ce sont mes aïeux, à moi. Car j'ai beau vivre

En France, je ne suis ni Latin ni Gaulois.

J'ai les os fins, la peau jaune, les yeux de cuivre,

Un torse d'écuyer et le mépris des lois.

Quelle ne sera pas la déception du chantre des Touraniens s'il apprend le peu de cas qu'on fait aujourd'hui des « Savoyards attardés dans leurs migrations » [20] ? Quoi qu'on en pense, il est difficile de concilier la tranquillité savoyarde, bretonne et auvergnate, avec les documents relatifs aux farouches tribus mongoliques, à leurs conquêtes et à leurs pillages. Les conquêtes elles-mêmes, d'ailleurs, ne prouvent rien. Peu de temps après Salamine, la Grèce envahit l'Asie et franchit l'Indus ; une colonie tyrienne mit l'Italie à deux doigts de sa perte ; les Vandales, que le monde ignorait, parcoururent l'Europe, menacèrent Rome et Byzance ; l'Arabie fut sur le point d'inonder l'Europe. Voilà des races de toutes sortes, avec des crânes de toutes formes, qui ont toutes fait la guerre et remporté les mêmes victoires. Rien n'est aussi banal que d'être vainqueur, sinon d'être vaincu.

La difficulté essentielle de la théorie qui fait venir les Aryens des contrées du Nord, c'est d'expliquer la civilisation aryenne. A coup sûr, cette civilisation n'a pas pu naître en Scandinavie, ni en Germanie, ni en Sibérie : il est naturel que les premières civilisations se soient développées dans des contrées plus chaudes et plus clémentes à l'homme. De fait, ce sont toujours des barbares qui sont venus du Nord. Pour tourner la difficulté, il faut donc admettre que ce furent précisément les Celto-Slaves, accourus d'Asie, qui apportèrent la civilisation aux dolicho-blonds du Nord-Ouest. Mais alors, comment les Celto-Slaves sont-ils si méprisables ? Et d'autre part, s'ils étaient Touraniens et nomades, comment ont-ils pu être à ce point civilisés ? La question revient toujours : Qui a commencé

Alfred Fouillée

la civilisation ? Et rien n'est moins probable, encore une fois, que d'attribuer ce commencement aux sauvages hyperboréens dont les hordes devaient plus tard terrifier l'Empire romain et grec. On voit dans quelle perplexité nous laissent toutes ces histoires avant l'histoire.

Quant à l'effrayant tableau qu'on nous fait de la lutte intestine, préparée par la forme des crânes, entre l'*Homo Europœus* et l'*Homo Alpinus*, c'est un pur rêve d'anthropologiste. L'absorption progressive des dolichocéphales dans la masse rend d'ailleurs une telle lutte impossible. Et si l'on répond que ce progrès de la démocratie ethnique, laquelle va du même pas que la démocratie politique, menace l'humanité d'un abaissement universel, nous répondrons à notre tour : — Tout dépend du soin qu'auront ou n'auront pas les démocraties de maintenir dans leur sein une élite naturelle, d'assurer une libre voie à la sélection des supériorités, quelle que soit la forme de leurs têtes. On a eu raison de comparer l'élite d'un peuple à la locomotive, qui seule a un mouvement propre, et la masse à la longue suite de wagons inertes, qui cependant arrivent à rouler aussi vite que la locomotive ; mais rien ne permet d'ajouter que les supériorités, nécessaires pour entraîner tout le reste, soient liées à de légères variations de l'indice céphalique et que l'élévation universelle de cet indice, en aboutissant à élargir toutes les têtes, aboutira à rétrécir tous les esprits.

Les anthropologistes dont nous parlons ne pouvaient manquer de prendre au tragique le croisement de plus en plus universel des têtes longues et des têtes larges ; dans la désharmonie des formes qu'ils croient trouver chez ces « métis », ils voient l'image d'une désharmonie intérieure [21]. — Par bonheur, leurs conclusions sont encore ici tout hypothétiques. Les relations des qualités mentales à telles particularités crâniennes sont trop mal déterminées pour permettre de prévoir le résultat des métissages, surtout entre blonds et bruns. Dans les mélanges, les caractères essentiels des types se transmettent chacun pour soi et sans solidarité avec les autres, de telle sorte que le croisement du dolicho-blond et du brachy-brun, par exemple, pourra produire des métis dolicho-bruns et brachy-blonds, outre un petit nombre de types reproduisant fidèlement les types originaux. Le résultat final, à travers les siècles, est la répartition presque égale des couleurs entre les diverses formes de crânes. M. Collignon l'a constaté pour les conscrits du département des Côtes-du-Nord ; M. Ammon, pour ceux du duché de Bade. Les yeux bleus et les cheveux blonds des anciens Germains subsistent chez les Badois, tandis que la dolichocéphalie a presque disparu. Une race a ce que M. Collignon appelle des caractères forts ou résistants, qu'elle tend à imposer presque indéfiniment à ses métis, même éloignés (tels les yeux bleus pour la race septentrionale), et des caractères faibles, persistants, qui se laissent facilement éliminer dans les croisements. Un caractère très fréquemment rencontré peut donc cependant n'être qu'adventice ou surajouté ; les yeux bleus ne prouvent pas que la tête soit dolichoïde. La couleur peut subsister lorsque la forme du crâne change. De même, il est probable que les qualités de structure cérébrale, auxquelles sont liées les qualités psychiques héréditaires, tendent, par l'effet des nombreux croisements, à se dissocier peu à peu d'avec la longueur du crâne et à se répartir entre les diverses formes de crânes, comme celles-ci entre les diverses couleurs d'yeux et de cheveux. Tout ce qu'on a pu dire de plus plausible sur les croisements, c'est qu'un père de beaucoup d'intelligence sans persévérance, par exemple, et une mère très persévérante avec peu d'intelligence, auront chance d'avoir des enfants d'un des quatre types suivants : 1° reproduction du père, 2° reproduction de la mère, 3° intelligence et persévérance réunies, ce qui assurera le succès (*si qua fata aspera...*), 4° peu d'intelligence et peu de persévérance, type destiné à l'insuccès et à l'élimination finale.

Qu'il y ait dans nos sociétés contemporaines beaucoup d'hommes déséquilibrés, nous ne le nions pas. Y en a-t-il plus qu'autrefois ? Nous l'ignorons. Ce qui est certain, c'est que les causes physiques de déséquilibration sont beaucoup moins les croisements de Celtes et de Germains que l'extension progressive de l'alcoolisme et d'autres maladies, l'abus du tabac, le séjour des villes, le manque d'une bonne hygiène, la vie sédentaire, le surmenage, etc. ; mais les principales causes sont morales : lutte et contradiction des idées, des sentiments, des croyances religieuses et irréligieuses, des théories politiques et sociales, licence de la presse, pornographie, excitations de toutes sortes, etc. L'indice crânien est étranger à tous ces maux.

Comme remède, cependant, on nous propose, en s'inspirant des

Alfred Fouillée

théories de M. Galton et de M. de Candolle, une « alliance aryenne ». Les Aryens et leurs métis peu éloignés se chiffrent, nous dit-on, par une trentaine de millions, tant aux États-Unis qu'en Europe, mais cette faible minorité représente presque toute la puissance intellectuelle du genre humain ; quand elle voudra faire usage de ses forces et de son « audace typique », l'*audax Iapeli genus* fera ce qui lui plaira : les Juifs donnent l'exemple de la facilité avec laquelle une race peut « s'isoler tout en étant ubiquiste », former un même peuple tout en habitant vingt pays. Il s'est établi déjà on Amérique des associations en vue d'une aristocratie conventionnelle qui éviterait tout croisement impur, toute « souillure », donnerait des primes, des bourses et des dots aux sujets les plus parfaits, aux familles les plus fécondes en talents, c'est-à-dire, pour employer le terme de M. Galton, les plus « eugéniques ». — Nous doutons fort du succès de la nouvelle caste, et nous doutons surtout de son utilité. S'il est fort compréhensible que les blancs hésitent à se noyer dans les populations noires, ou même jaunes, il l'est beaucoup moins que les dolichocéphales blonds, pour une supériorité problématique de forme crânienne et de couleur des cheveux, prétendent former une humanité au sein de l'humanité même. En Europe, au moyen âge, les classes nobles se disaient japhétiques, pour se distinguer du peuple des campagnes, que l'on déclarait chamite. L'opposition des Aryas et des Celto-Slaves est du même genre. De plus, si les croisements sont en effet dangereux entre races trop distantes, comme la blanche et la noire, ils sont plutôt utiles entre deux variétés aussi voisines que les têtes longues et les têtes larges. Ce sont les anthropologistes eux-mêmes qui nous ont appris que les couches les plus élevées des sociétés par l'intelligence et le talent s'épuisent vite, deviennent moins fécondes, soit volontairement, soit par une involontaire usure des facultés génératrices au profit des facultés intellectuelles, soit par la démoralisation qu'entraîne souvent une situation de fortune privilégiée, soit enfin par une de ces « évolutions régressives » qui ont conduit tant de grandes familles à l'imbécillité finale et à la folie. C'est un résultat que M. Jacoby avait mis en lumière et sur lequel, à son tour, M. Gustave Le Bon a insisté. Une supériorité dans un sens ne s'obtient, trop souvent, qu'au prix d'une infériorité et, sans doute, d'une dégénérescence dans d'autres sens. En admettant qu'on ait exagéré les dangers des unions

Section II

restreintes à une seule et même caste ou classe sociale, il demeure vrai que, depuis les origines de la civilisation, des croisements innombrables ont eu lieu, que nous avons tous dans nos veines du sang de blonds et du sang de bruns, du germanique, du celtique et du méditerranéen, que le mélange va croissant avec la civilisation, et qu'en définitive l'humanité ne paraît pas déchoir avec les siècles qui la « brunissent ». Au reste, s'il y a des enthousiastes du crâne long, il y a aussi des partisans du crâne large. M. Anoutchine, qui est Slave, soutient la supériorité des brachycéphales ; retournez-vous, de grâce. D'autres pensent, avec Virchow, que, si la tête s'élargit et doit s'élargir encore davantage avec le temps, c'est pour donner place à tout ce que le progrès des connaissances l'obligera de contenir. La forme arrondie est celle qui permet de loger, dans le moindre espace, le plus de masse cérébrale. Cependant, ajoutent-ils, le volume du cerveau ne pourra pas gagner trop notablement, pour des raisons d'équilibre de la tête et d'harmonie de ses parties : les lobes antérieurs pourront grossir, mais seulement jusqu'à ce que l'axe de gravité passe au milieu même de la base du crâne ou un peu en avant ; plus avant encore, les yeux se trouveraient gênés, enfoncés sous le crâne. Tous les anthropologistes s'accordent d'ailleurs à admettre qu'en fait la dolichocéphalie sera remplacée par une brachycéphalie universelle. Le progrès va-t-il donc à reculons, depuis les dolichocéphales préhistoriques des cavernes jusqu'à nous, qui avons le tort d'élargir nos crânes ?

Selon M. Galton, si les bruns vont l'emportant, c'est que la santé est plus grande chez eux, ce qui semble résulter des statistiques relatives à la guerre de sécession en Amérique. Selon M. de Candolle, l'augmentation du pigment chez les bruns suppose une élaboration plus complète et plus de vigueur. Les blonds seraient moins robustes, comme les fleurs pâlies, et seraient obligés par là même d'être plus intelligents ; de là une sélection graduelle en faveur de l'intelligence ! Que ne fait-on pas accomplir à la sélection ? Selon d'autres, les Celto-Slaves l'ont emporté précisément parce qu'ils se sont tenus plus tranquilles que les hommes du Nord et les ont laissés s'entre-détruire ; mais, quand la lutte sera portée sur le terrain économique, ils seront battus par les blonds. Selon d'autres encore, les blonds ne pourront pas lutter, même sur ce terrain, parce que le théâtre de la lutte est surtout dans les grandes villes,

Alfred Fouillée

où les dolicho-blonds accourent, mais pour s'y éteindre bientôt [22].

Impossible de se lier à toutes ces inductions contradictoires. L'anthropologie est une science encore trop flottante pour inspirer pleine confiance. Comment accepter des hypothèses psychologiques et sociales fondées sur des hypothèses historiques, fondées elles-mêmes sur des hypothèses anthropologiques ? Il est au moins prématuré de précipiter la moitié de l'humanité sur l'autre pour une question de longueur dans la boîte crânienne, et cela avec la certitude de la défaite finale au profit des têtes larges. La loi de fraternité est plus sûre que toute l'histoire, et surtout que la préhistoire. Quant au vrai remède à la déséquilibration sociale, ce n'est pas la formation d'une caste fermée, mais une plus grande attention apportée aux mariages, à la santé physique et morale des futurs époux, un plus grand souci de l'hygiène, une lutte plus opiniâtre et plus effective contre les vices qui compromettent la race même, intempérance et débauche, enfin une diffusion plus large des idées morales, aussi bien dans les têtes germaniques que dans les têtes celto-slaves, chez les Saxons que chez les Auvergnats.

La théorie des types craniologiques nous paraît être le pendant de la fameuse théorie du « type criminel ». M. Lombroso avait raison d'appeler l'attention sur les nombreuses marques de dégénérescence qu'on rencontre chez les délinquants ; il avait tort de croire qu'on naît criminel, avec un type immédiatement reconnaissable pour l'œil de l'anthropologiste. Pareillement, les amis des crânes allongés ont raison de nous signaler les nombreuses marques de déséquilibre que fournissent nos sociétés agitées et bourbeuses ; mais, quand ils imaginent leur type blond comme le seul véritable *homo*, qui doit au besoin exterminer ses compétiteurs indigènes, ils érigent une fantaisie pseudo-scientifique en un nouveau ferment de discorde morale et de découragement civique. Le pandolichoïsme n'est pas, pour l'humanité, une fin plus haute et plus sûre que le pangermanisme ou le panslavisme et autres absorptions des faibles par les forts.

Section III

Les facteurs ethniques du caractère national ne sont ni les

seuls ni les plus importants ; les facteurs sociaux, l'uniformité de l'instruction, de l'éducation, des croyances communes compensent et au-delà les diversités des familles ethniques [23]. Les Sardes méditerranéens n'ont pas d'affinité de race avec les Piémontais-Celtes, les Corses avec les Français, ce qui ne les empêche nullement de vivre en parfait accord. Les Polonais haïssent les Russes, malgré le sang slave qui leur est commun, et ils s'assimilent volontiers avec les Autrichiens. Les Alsaciens sont Français de cœur, malgré leurs traits germaniques. L'Irlande celtique n'aime pas l'Angleterre ; mais le pays de Galles, non moins celtique, est presque assimilé ; de même pour l'Ecosse, celte en très grande partie, et qui, cependant, ressemble si peu à sa vraie sœur, l'Irlande.

M. Gumplowicz, dans un livre bien connu, appelle l'histoire la « lutte des races » ; il a beau entendre par là non plus des races véritables, mais de simples groupes sociaux, sa théorie n'en est pas plus scientifique. Ne voir dans l'évolution des sociétés qu'un combat, c'est n'apercevoir qu'un aspect de la question, et le plus primitif, le plus voisin de l'animalité ; c'est retomber dans le domaine de la zoologie et de l'anthropologie au moment même où on semblait l'avoir dépassé. Jusque chez les races préhistoriques, le grand mobile du progrès social fut la production en vue de la consommation. Or, la coopération apparut bientôt aux hommes comme le moyen le plus fécond et le plus sûr de produire les choses utiles. La lutte n'était qu'un moyen secondaire et un pis aller. Aussi, dès les temps préhistoriques, outre les armes, dirigées d'abord exclusivement contre les animaux, nous rencontrons une foule d'ustensiles et d'instruments pacifiques. M. de Mortillet a écrit tout un livre sur les outils préhistoriques de pêche ou de chasse pour montrer combien l'humanité naissante, malgré l'extrême lenteur de ses progrès, s'ingénia, à trouver des moyens de production, quels bienfaiteurs inconnus nous eûmes parmi nos ancêtres préhistoriques. La lecture de ce livre repose du roman de guerre perpétuelle et d'universel cannibalisme imaginé par les anthropologistes et par les sociologistes de leur école. On comprend que l'homme n'a pas été, dès le début et partout, la plus féroce des bêtes féroces, celle qui, — exception unique, — n'aurait été occupée qu'à exterminer et à dévorer ses semblables. A l'hostilité se joignit dès l'origine la sympathie. La coopération fit

Alfred Fouillée

autant et plus pour le progrès que la lutte à main armée, qui elle-même fut remplacée peu à peu par la concurrence pacifique.

La force a eu autrefois et a maintenant beaucoup moins d'importance qu'on ne l'imagine dans la formation des nationalités. Les Turcs ont conquis les Bulgares, les Serbes, les Roumains, les Grecs ; ont-ils pu les assimiler ? Non, pour bien des raisons, parmi lesquelles on en a noté une curieuse : les Turcs, dit M. Novicow, avaient un alphabet moins parfait que celui des nations par eux vaincues ; cela seul leur assurait l'impuissance finale. Est-il vrai que l'unité française soit simplement l'œuvre de nos rois, de la conquête et de la force ? N'a-t-on pas soutenu avec raison qu'elle est surtout l'œuvre d'une foule innombrable d'écrivains, de poètes, d'artistes, de philosophes, de savants que la France a produits sans discontinuer depuis quatre siècles ? Vers l'an 1200, la culture provençale était supérieure à la culture française : un Toulousain traitait un Parisien de barbare, et avec quelque raison. Si, dit M. Novicow, le mouvement intellectuel du Midi avait marché d'un pas égal à celui du Nord, nous aurions aujourd'hui un Languedoc gémissant sous le joug français comme la Pologne gémit sous le joug russe. Comparez la France à l'Autriche. Dans ce dernier pays, la langue et la littérature allemande n'ont pas réussi à « germaniser » les Hongrois. En France, la langue française a pris une telle avance sur les dialectes locaux, par exemple le provençal, que ceux-ci (heureusement) n'essaient plus de lutter, malgré les Mistral et les Roumanille. Or c'est par la littérature et les sciences que cette victoire de la langue française a eu lieu. « Chez vous, dit M. Novicow aux Français, cela s'appelle instruire les paysans. Dans d'autres circonstances, cela se serait appelé dénationaliser les Languedociens ou les franciser… Le provençal ne ressuscitera plus. Je ne vois pas, cependant, qu'on emploie la baïonnette pour enseigner le français aux Languedociens. » Notre langue se propage d'ailleurs au-delà de nos frontières, dans des pays où les baïonnettes françaises n'ont aucune action.

M. Novicow conclut que « l'assimilation nationale est surtout un processus intellectuel. » Mais pourquoi, lui aussi, ramène-t-il l'histoire à une lutte, non plus de races, il est vrai, mais de « sociétés ? [24] » L'idée de « concours » est complémentaire de l'idée de « lutte » ; et même, la lutte serait impossible sans un concours préalable entre ceux qui combattent, quelles que soient les armes qu'ils emploient. C'est précisément ce qui fait que la conception darwiniste de l'histoire est unilatérale et incomplète.

Section IV

A notre avis, quand on étudie l'action des races et même des groupes sociaux à travers l'histoire, on reconnaît que cette action a traversé trois périodes, et c'est là une des grandes lois psychologiques qui, selon nous, régissent l'histoire même.

Plus les races ou les sociétés sont primitives, plus elles ont une action déterminante sur les individus qui les composent ; plus, par conséquent, il y a de ressemblances entre ces individus. Hippocrate nous dit que les Scythes ont un type de race, non des types personnels. De même, les Romains trouvaient les plus grandes ressemblances entre les Germains de leur temps. On a souvent cité la parole d'Ulloa : « Qui a vu un indigène d'Amérique les a tous vus. » Humboldt la confirme d'après sa propre expérience. Sans doute, depuis qu'on observe les sauvages de plus près, on aperçoit de mieux en mieux leurs différences individuelles. Même chez les animaux, les chiens par exemple, il y a une grande diversité de caractères : les uns sont ardents, les autres indolents, les uns étourdis, les autres prudents, les uns affectueux, les autres égoïstes ; à plus forte raison quand il s'agit d'hommes. Il n'en est pas moins vrai qu'il existe entre les membres d'une même tribu sauvage une uniformité *relative*, qui en fait des exemplaires semblables d'un même modèle.

Les différences du volume des crânes existant entre individus de même race croissent avec la civilisation. Il y a des peuplades où ces différences crâniennes sont nulles, tandis que, chez les Parisiens modernes, elles vont jusqu'à 600 centimètres cubes, chez les Allemands jusqu'à 700. Selon Waitz, la ressemblance physique des individus, dans les races peu avancées, a pour parallèle leur ressemblance morale, leur absence d'individualité psychique. L'homogénéité des caractères, dit-il, au sein d'une peuplade nègre, est incontestable. Tous les individus ont les mêmes qualités générales et les mêmes défauts. Dans l'Egypte supérieure, le

Alfred Fouillée

marchand d'esclaves ne se renseigne pas sur le caractère individuel de l'esclave qu'il veut acheter ; il demande seulement quel est son lieu d'origine. Une longue expérience lui a appris que les différences entre individus de la même tribu sont insignifiantes à côté de celles qui dérivent de la race. L'esclave est-il de la tribu des Nubas ou des Gallas, il sera fidèle ; est-il un Abyssinien du Nord, il sera traître et infidèle ; est-il de Fertit, il sera sauvage et prompt à la vengeance ; la majorité des autres tribus donnera de bons esclaves domestiques, mais peu utilisables pour le travail corporel [25]. On comprend d'ailleurs que, outre l'identité de race, nous avons ici une identité de milieu physique et de milieu moral, c'est-à-dire de religion, de genre de vie ; il n'est donc pas étonnant que les individus d'un même groupe et d'un même milieu soient du même moule par le caractère comme par la constitution.

Mais, d'autre part, les milieux physiques étant différents et les communications mutuelles étant peu fréquentes à l'origine de la civilisation, les divers groupes humains, presque fermés alors, devaient finir par se différencier les uns des autres, par suivre chacun sa ligne propre. La même raison qui établissait alors des ressemblances très grandes entre les individus d'un seul groupe ethnique rendait donc dissemblants les groupes eux-mêmes, en les isolant les uns des autres. Jusque dans des temps aussi voisins de nous que le moyen âge, les diverses provinces de France avaient leur physionomie tranchée : un Picard ne ressemblait guère à un Auvergnat ; en revanche, les Picards se ressemblaient entre eux, et tous les Auvergnats.

La seconde période, antithèse de la précédente, est celle où les différences de constitution physique et de caractère moral vont diminuant entre les diverses races ou peuples, mais augmentent entre les divers individus d'une même race ou d'un même peuple. M. Durckheim [26] fait remarquer, par exemple, que les Anglais, en général, ressemblent plus aujourd'hui aux Français qu'autrefois, mais qu'un Français ressemble moins à un autre Français, un Anglais à un autre Anglais. Les différents types provinciaux, dans une même nation, tendraient aussi à devenir moins disparates : un Lorrain ressemble plus aujourd'hui à un Provençal qu'autrefois. Les différences tendent donc à passer surtout dans les individus, dont les caractères se font moins originaux. La race pèse d'un moindre poids sur les membres d'une nation.

A notre avis, l'humanité approche aujourd'hui d'une troisième période, synthèse des deux précédentes, où les ressemblances croissantes n'empêcheront pas les différences croissantes. Toutes les similitudes provenant de la vie sociale augmentent avec la civilisation ; les mêmes idées scientifiques, les mêmes croyances morales et religieuses, les mêmes institutions civiles et politiques se répandent par le monde entier. Les peuples d'une même civilisation tendent donc à se ressembler de plus en plus sous ce rapport. En même temps l'uniformité croissante d'instruction et d'éducation tend à faire passer tous les individus dans un même moule social. Enfin les mélanges et croisements des familles, des peuples, des races, tendent aussi à généraliser partout un seul et même type d'homme. Les ressemblances iront donc bien en augmentant, et non pas seulement entre les races ou les peuples (comme l'admet M. Durckheim), mais, du même coup, entre les individus. Seulement, à notre avis, ce résultat n'empêchera point l'accroissement parallèle des différences, soit entre les individus, soit entre les peuples. De ce que les cerveaux ont aujourd'hui un plus grand nombre de parties communes, il n'en résulte pas qu'ils ne puissent aussi avoir un plus grand nombre de parties différentes ; tout au contraire, en élevant d'abord, par l'instruction, les cerveaux à un certain niveau plus ou moins uniforme, on leur permet de manifester mieux ensuite leurs ressources propres et leur originalité personnelle. C'est, du moins, ce que devrait produire une éducation qui, au lieu de considérer l'esprit comme un simple vase à remplir, le considérerait comme un outil à forger et à perfectionner. Les conquêtes de la science passée rendent plus rapides et plus faciles des conquêtes nouvelles pour la science à venir ; il en est de même des acquisitions intellectuelles et morales pour chaque individu. Le temps passé sous la civilisation mûrit tous les cerveaux, mais les mûrit diversement, comme sous le soleil les grappes d'un certain raisin deviennent dorées et les autres noires : si elles ne se ressemblent pas, elles peuvent se valoir et trouver toutes leur emploi. Cette même loi s'applique aussi, croyons-nous, aux différentes nations : leurs caractères pourront à la fois s'harmoniser par la base, au point de vue moral et social, et se différencier de plus en plus par le sommet. Des traits plus délicats signaleront les physionomies nationales ; mais, de même

Alfred Fouillée

que dans l'art tout se nuance et se subtilise, de même la civilisation intellectuelle et morale admettra des différences de détail qui, pour être moins grossières, n'en seront pas moins utiles au progrès commun. L'accroissement de l'action collective n'empêchera pas non plus l'accroissement simultané de l'action individuelle. Par son intelligence et ses inventions, par ses sentiments et sa volonté, l'individu verra son rôle augmenter avec les siècles.

Concluons qu'il faut se mettre en garde contre les sophismes sociaux tirés de l'histoire naturelle. Ils deviennent, de nos jours, si fréquents et si menaçants qu'on est obligé d'insister sur les théories les plus risquées et les plus arbitraires comme si elles étaient sérieuses ; elles le sont en effet bien souvent dans la pratique. Chez les nations modernes, où l'intelligence joue un rôle croissant, « les sophismes de l'esprit » tendent de plus en plus à engendrer ou à excuser les « sophismes du cœur », avec les guerres intestines ou étrangères qui en sont les sanglantes applications. « En préconisant le régime de la force, a dit l'écrivain russe dont nous parlions tout à l'heure, les publicistes français font le jeu de l'Allemagne du fer et du sang ; leur naïveté et leur aveuglement stupéfient. » Si la théorie de la force, dont nous nous engouons à l'exemple de l'Allemagne, était vraiment celle à laquelle doit aboutir la race dite supérieure, celle-ci n'aurait fait, en vieillissant, que revenir à la morale préhistorique qu'elle pratiqua quand elle était cannibale ; sa prétendue supériorité serait un leurre : le sentiment de la justice dans un crâne large est préférable à l'injustice dans un crâne long. D'ailleurs, la justice même est une force, la plus grande peut-être de toutes, et qui se manifestera de plus en plus à mesure que les éléments moraux et sociaux joueront un plus grand rôle dans la civilisation. L'apothéose de la force brutale est un retour en arrière, et l'histoire anthropologique n'est guère qu'un roman anthropophagique. Sans doute, en un siècle qui a perdu l'équilibre ancien sans avoir encore trouvé l'équilibre nouveau, il est naturel de voir réapparaître au grand jour tous les instincts animaux et barbares, qu'une fausse science essaie de légitimer, de réduire en théorie : notre époque se débat en pleine crise d'atavisme. Elle est même, par la rivalité des blancs, des jaunes et des noirs, menacée d'une vraie et dernière lutte de races, qui peut d'ailleurs rester une lutte pacifique ; mais il est inadmissible de représenter sous le

Section IV

même aspect la rivalité des Français avec les Allemands, ou celle des Français « nobles » avec les Français « serviles ». Ce ne sont là que des querelles de familles, et l'histoire naturelle n'a presque rien à y voir : c'est l'histoire proprement dite, c'est la science sociale et politique qui peuvent donner l'explication de ces luttes. On a beau nous faire un sombre tableau des « incompatibilités d'humeur » entre les races européennes ou entre les diverses couches ethniques de chaque nation, — incompatibilités qui, dit-on, expliquent nos guerres incessantes, — nous avons montré que ces prétendues « races » sont de simples types psychologiques, dont les conditions cérébrales nous sont encore inconnues et qu'aucune étude des crânes n'eût pu faire soupçonner. Dès lors, ces produits dits « naturels » sont surtout des produits sociaux : ce n'est pas l'hérédité, ce n'est pas le milieu physique qui les a engendrés : c'est principalement le milieu moral, religieux, philosophique. Les « races » sont des sentiments et des pensées incarnés ; la lutte des races est devenue une lutte d'idées, compliquée d'une lutte de passions et d'intérêts ; modifiez les idées et les sentiments, vous éviterez des guerres prétendues inévitables.

Notes

1.   Voyez sur le livre de M. Gumplowicz, la Lutte des Races, dans la Revue du 15 janvier 1893.

2.   Revue d'anthropologie, t. II, p. 145, cours libre fait par M. de Lapouge à la Faculté de Montpellier.

3.   Un mathématicien, M. Cheysson, a montré qu'en France, à raison de trois générations par siècle, s'il n'y avait pas eu de croisements consanguins, chacun de nous aurait dans les veines le sang d'au moins 20 millions de contemporains de l'an 1000. Si l'on remonte à l'époque de Jésus-Christ, on dépasse le chiffre de 18 quintillions. Pour exprimer le nombre de même nature correspondant à l'époque interglaciaire, il faudrait couvrir de chiffres la surface du globe. De ces nombres impossibles, on a déduit mathématiquement cette conséquence que des croisements innombrables ont dû intervenir, que tous les habitants d'une même localité, d'une même province, d'une même nation ont

Alfred Fouillée

nécessairement des ancêtres communs. C'est la parenté de fait entre les concitoyens. Cette parenté dépasse même les bornes des nationalités : Allemands, Français, Anglais ont une multitude d'ancêtres communs et appartiennent à des mêmes souches. Mais alors, que devient la politique des « races », prônée par certains anthropologistes ou sociologistes ?

4.　　Placez la pointe d'un large compas sur le front, l'autre pointe sur la nuque, vous avez la longueur crânienne ; placez ensuite le compas dans la ligne des deux oreilles de manière à obtenir la largeur maximum : divisez alors la largeur par la longueur, et vous aurez l'indice céphalique.

5.　　Un anthropologiste wurtembergeois, M. de Holder, a voulu caractériser ainsi les prédécesseurs à crâne arrondi des Germains en Allemagne.

6.　　A quoi on objecte : 1° la brachycéphalie est moindre et moins répandue en Asie qu'en Europe ; 2° les brachycéphales n'auraient pu arriver à l'époque du bronze qu'en passant par la Sibérie et la Russie, et justement on n'y trouve guère que des dolichocéphales à cette époque, ou en passant sur le corps des Assyriens, chose historiquement impossible.

7.　　Voir, outre les travaux de Broca, de MM. Bertrand, Lagneau, Topinard, les études publiées par M. de Lapouge dans la Revue de sociologie, 1893 et 1894, dans la Revue d'anthropologie, 1887-1888 et dans l'Anthropologie, 1888-1892 ; Beddoe, Races of Britain, et Anthropological History of Europe.

8.　　Ajoutons que les vainqueurs, comme l'a montré M. Collignon, occupent généralement la plaine et les vallées, tandis que les vaincus ont été refoulés dans les montagnes ou sur les côtes extrêmes de l'Océan.

9.　　Herkunft der Arier ; et Origines Aryacœ, Vienne, 1886, Prochàka.

10.　　Reportez-vous à l'époque quaternaire ; le nord-ouest de l'Europe formait alors un énorme massif, qui recouvrait en partie les mers aujourd'hui découvertes, la moitié de la mer du Nord et une zone à l'ouest de la Norvège. Les masses de vapeur apportées par le Gulf-Stream répandaient une brume épaisse et douce sur la région Scandinave, et venaient se condenser sur

Notes

l'espèce d'Himalaya septentrional dont elles alimentaient les glaciers. Sous ce climat humide et froid — mais, grâce au Gulf-Stream, moins froid que la présence des glaces ne le fait supposer — l'ancienne race à crâne long, appelée race de Néanderthal, a dû subir, selon M. de Lapouge, des modifications d'aspect et de tempérament. L'humidité continue de l'air obstrue les porcs de la peau, retarde la circulation des humeurs, diminue la force du système vaso-moteur, émousse la sensibilité, prédispose à la lenteur du tempérament flegmatique. Sur un sol marécageux et boisé, au milieu de la brume, sous un ciel chargé de nuages épais, interceptant les rayons lumineux et chimiques (à ce point que la photographie y devient difficile), une race d'abord plus ou moins sèche et brune a pu acquérir une forte dose de flegmatisme. Le résultat visible aurait été une décoloration générale, se traduisant par une peau très blanche, des cheveux blonds, des yeux pâles. — Par malheur, il reste fort douteux que la Scandinavie fût, comme le croit M. de Lapouge, habitable à l'époque quaternaire. De plus, en dépit du climat qui devrait les pâlir, Esquimaux et Lapons s'obstinent à rester très bruns. Aussi cette idylle Scandinave est-elle contestée. Tout ce qu'on peut dire, c'est que la race blonde venait du Nord et qu'elle était, comme disent les Grecs, « hyperboréenne », du moins par rapport, à la Grèce.

On invoque aussi des raisons philologiques qui semblent établir l'origine hyperboréenne des prétendus Aryens. Le mot « mer » et même le mot navire, par exemple, étant identiques dans toutes les langues aryennes, les premiers Aryens ont dû vivre en contact et en « familiarité » avec la mer. Ils ne peuvent donc être venus, comme on l'a cru longtemps, des hauts plateaux du Pamir et du nord de l'Asie. Ils ne sont pas venus davantage de la Caspienne ni de la mer Noire. Les noms du saumon et de l'anguille, en effet, sont identiques chez tous les Aryens : or ces poissons sont étrangers aux deux mers dont nous parlons et aux fleuves qui s'y jettent. Seules, la Scandinavie et la région maritime de l'Allemagne présentent tout entières la faune et la flore des proto-Aryens, c'est-à-dire les animaux et les plantes dont les noms sont restés identiques dans les diverses langues aryennes. — Pourtant, ici encore, il faut demeurer en défiance. Les linguistes ont trop d'imagination ; ils ont prétendu reconstruire une langue proto-aryenne qui est en grande partie fantaisiste. De plus, les preuves par la non-identité d'un mot dans un groupe de langues sont toujours faibles, car d'anciens termes peuvent avoir disparu. Par exemple, tous les Aryens ont désigné la main gauche par des euphémismes, différenciés de langue à langue, et la droite par des dérivés de dac, montrer. Faut-il en conclure, demande M. Reinach, que les Aryens, avant la séparation, ne possédaient que la main droite ?

11.   Un savant anthropologiste japonais prétend que les hautes classes du Japon descendent en grande partie d'Accadiens, voisins des Chaldéens. Toujours est-il que l'élément mongolique est moindre au Japon.

12.   Sayce, Ethnographie de la Palestine.

13.   De nos jours, l'indice céphalique est monté, chez les Grecs, de 70 à 81.

14.   Les Allemands ont noté, dans Virgile, cotte description d'un personnage d'aspect entièrement germain et ayant même un nom germanique. Herminius :

Catillus Iolan

: : Ingentemque animis, ingentem corpore et armis

Dejicit Herminium, nodo cui verlice fulva

Cæsaries nudique humeri.

On sait que les Francs et les Germains attachaient d'un nœud leur longue chevelure, qui retombait en arrière.

15.   M. Soubies a publié à Halle (1890) un livre sur l'idéal de la beauté masculine chez les anciens poètes français des XIIe et XIIIe siècles. L'idéal physique était le type aristocratique : taille élevée, épaules larges, poitrine développée, taille mince, pied voûté, peau blanche, cheveux blonds, teint coloré, regard vif, lèvres vermeilles,

16.   Pourtant Attila, de race finnoise et ouralo-altaïque, nous est représenté par Jornandès avec un nez épaté, des yeux petits et enfoncés dans une grosse tête, un teint basané.

17.   Pour éclairer ces questions, qui intéressent à la fois la sociologie et l'ethnographie, il serait très désirable que le ministre de la guerre fît faire en France ce qu'on fait en Italie et ce que fait pour son compte M. le Dr Collignon : des mensurations anthropologiques sur les conscrits au moment de la révision,

Notes

capacité crânienne, indice céphalique, forme du nez, couleur des cheveux, des yeux, etc. Ce serait un document de haute importance pour la statistique. De même dans les écoles et les lycées. Il n'est pas indifférent de savoir les modifications que peut subir la population française et dans quel sens elles se produisent.

18.   M. Topinard, Anthropologie, p. 161.

19.   C'est le titre d'une publication de M. E. Dupont, Paris, 1893.

20.   Kossuth, lui, avait l'aspect d'un Hun et s'en vantait. Y avait-il bien de quoi !

21.   Déjà, disent-ils, nous n'apercevons plus dans nos villes que sujets aux yeux clairs et aux cheveux foncés, ou l'inverse ; que visages larges associés à des crânes arrondis ; la barbe est d'un autre type que les cheveux ; « des brachycéphales portent des têtes d'Aryas », usurpation inique ; d'autre part, « de petites têtes de Méditerranéens sont perchées sur des cous d'Aryas plus gros qu'elles et surmontent des troncs gigantesques. » — Qu'eussent dit ces pessimistes en apercevant Mme de Sévigné avec un œil bleu et l'autre noir ? — Dans un instant, continuent-ils, vous verrez la dissymétrie des organes intervenir comme « cause d'extinction des populations métisses. » Au moral, que d'hommes tiraillés par des tendances opposées, qui pensent « le matin en Aryas et le soir en brachycéphales, » changeant de caractère, de volonté, de conduite au gré du hasard ! Voilà le spectacle que donne la psychologie des « sang-mêlés » de nos plaines et de nos villes. On ajoute, pour ces métis des blonds et des bruns, comme pour ceux des blancs et des noirs, que « l'égoïsme est leur caractéristique, » ainsi que « l'inconstance, la vulgarité, la poltronnerie. » Le Celte a déjà grand souci de sa personne, de ses intérêts, des intérêts de ses proches, de tout ce qui ne dépasse pas son horizon assez étroit. Croisez-le avec un Germain ; l'individualisme énergique de ce dernier viendra renforcer la tendance personnelle du premier ; d'autre part, les instincts germaniques de solidarité humaine seront neutralisés par l'esprit de clocher celtique ; résultante générale : égoïsme chez les métis. — Telle est la chimie anthropologique des caractères.

22.   La dolichocéphalie domine, selon les recherches de M. Ammon, dans les villes par rapport aux campagnes, dans les

Alfred Fouillée

classes supérieures des lycées par rapport aux classes moyennes, dans les institutions protestantes par rapport aux institutions catholiques (où la brachycéphalie est remarquable dans le duché de Bade). M. Ammon a fait aussi des observations amusantes sur les types des sénateurs badois. Parmi les individus ruraux, les dolicho-blonds, étant d'humeur entreprenante et voyageuse, subissent l'attraction des villes et viennent y chercher leur gain. Par conséquent, les campagnes perdent de plus en plus leurs dolichoïdes et deviennent de plus en plus brachycéphales. Les dolichoïdes, après avoir subi d'une manière particulière l'attraction des villes, y réussissent et parviennent à y prospérer pendant une ou deux générations, mais leur postérité y fond comme la neige au soleil. La défaite des hyperbrachycéphales immigrants dans les villes est plus rapide encore : ils disparaissent, en général, sans avoir réussi ; ils succombent à la concurrence industrielle et aux séductions de la vie urbaine, que leur manque de volonté les empêche de repousser. (Otto Ammon, la Sélection naturelle chez l'homme dans l'Anthropologie, 1892.)

M. Georges Hansen, — dans son ouvrage sur les Trois degrés de développement des populations, — prouve, par la statistique de villes allemandes, que la population des villes se renouvelle presque complètement par des immigrés au cours de deux générations ; et comme ces immigrés sont surtout des dolichoïdes, on peut dire que les villes modernes sont des gouffres où viennent s'engloutir les dolicho-blonds ; elles contribuent à les faire disparaître comme y ont contribué les guerres, les croisades, la Révolution française, etc. La lutte industrielle et commerciale, dont les villes sont les principaux centres, serait donc, elle aussi, jusqu'à un certain point une « lutte de races. »

23.   Voir M. G. Le Bon, les Lois psychologiques de la Vie des peuples. Paris, Alcan, 1894.

24.   Les Luttes entre les sociétés humaines, Paris, Alcan, 1893.

25.   Waitz, Anthropologie der Naturvoelker, I, 75 et suiv.

26.   Voir la Division du travail social. Paris, Alcan.

Notes

ISBN : 978-1544215686

ISBN : 978-1544215686